AF339047

LA

SITUATION

DEPUIS LE 24 MAI

MÉZIÈRES

IMPRIMERIE DE LELAURIN, RUE BAYARD, 3.

—

1873

Mézières, juin 1873.

Les lignes qu'on va lire ont été publiées, en grande partie, dans la presse départementale.

L'honorable directeur-gérant du « *Courrier des Ardennes* » ayant cru devoir, pour des motifs que nous n'avons pas à apprécier, retrancher plusieurs passages du manuscrit que nous lui avions adressé, lorsqu'il en a ordonné l'insertion dans son estimable journal (1), nous avons voulu reproduire notre étude dans son intégrité, et présenter nos appréciations complètes, comme elles s'étaient offertes sous notre plume : Tel est le motif de la publication de cet opuscule.

Bon **VIDAL DE LÉRY.**

(1) Numéro du 13 juin 1873, etc.

LA SITUATION

DEPUIS LE 24 MAI.

La majorité de l'Assemblée nationale, dans la mémorable séance du 24 mai 1873, a joué sur un coup de dés les destinées de la France, de même qu'un général, qui engage une bataille décisive, confie aux hasards des armes le sort de sa patrie.

N'ayant pu détourner, malgré tous ses efforts, le président de la république de la voie malheureuse où de funestes engagements l'avaient poussé, elle a tenté un moyen suprême pour sauver le pays : elle a réussi; Dieu en soit loué! Si M. Thiers triomphait, s'il restait au pouvoir, nous étions fatalement conduits à l'abîme. L'appui qu'il cherchait sur la fraction de la Chambre dont la politique tend au bouleversement social, son intervention continuelle et intempestive dans les débats, les concessions qu'il faisait aux radicaux, notamment en les investissant, eux ou leurs protégés, de la direction des services publics, son esprit révolutionnaire, enfin, auraient eu pour conséquence inévitable l'avènement du radicalisme. Cette conséquence se serait produite d'autant plus rapidement après un effort infructueux tenté par les conservateurs contre le président, que ce dernier se serait plus que jamais rattaché à la déplorable politique où il croyait trouver une branche de salut.

Il était donc grand temps qu'une main puissante nous retînt au bord du précipice. Si un secours ne nous était pas arrivé, si les choses avaient continué à aller à la dérive, nous étions perdus, et la France n'avait plus qu'à se voiler la face, comme César, pour attendre les coups des Brutus de carrefours.

*
* *

Nous ne pensons pas être accusé de frapper et d'insulter un homme à terre en jugeant un chef d'État et en faisant ressortir les résultats heureux ou néfastes de ses actes. Nous n'hésitons pas, du reste, à reconnaître que M. Thiers a rendu d'immenses services au pays, et, autant que tout autre, nous admirons son prodigieux talent et ses qualités transcendantes. Mais si c'est avec justice que l'Assemblée a déclaré, à deux reprises, qu'il avait bien mérité de la patrie, ce n'est pas avec moins de raison que cette même Assemblée l'a contraint plus tard à quitter le rang suprême. On peut gouverner sagement d'abord et follement ensuite. M. Thiers, lui-même, dans son histoire du Consulat et de l'Empire, ne fait-il pas remarquer, en parlant de Napoléon, que « le sage de 1800 est devenu l'insensé de « 1812 et 1813, » et ne dit-il pas que « la toute-puissance « porte en soi une folie incurable, la tentation de tout « faire quand on peut tout faire, même le mal après le « bien? »

Il ne devait que trop justifier ses paroles.

Un danger aussi grand pour le pays que sa politique de bascule était son amour du pouvoir personnel et le caractère despotique de son gouvernement. Ne souffrant aucune contradiction, mettant sans cesse la Chambre dans l'alternative ou de lui céder ou de provoquer une crise, plus autoritaire qu'un monarque absolu, il faisait perdre à la nation tout le bénéfice du régime constitutionnel, seule forme rationnelle de gouvernement, puisque l'homme de génie lui-même, n'étant pas infaillible, doit nécessairement commettre des fautes, tandis que le corps délibérant, substitué à l'individu, peut toujours agir avec sagesse et discernement.

On est stupéfait quand on pense que celui qui a gouverné, comme on sait, depuis la Commune jusqu'au 24 mai, est le même qui, ministre, avait la prétention de tenir avec ses collègues des conseils indépendants de l'action et même de l'intervention du roi ! Quand on pense qu'il a écrit avec une conviction profonde : « Il ne faut jamais livrer les « destinées de la patrie à un homme, n'importe l'homme, « n'importent les circonstances ! » M. Thiers poussait donc l'orgueil jusqu'à se croire plus grand et plus adroit politique que l'empereur Napoléon Ier et que le roi Louis-Philippe, qu'il exigeait plus de restriction à l'exercice du pouvoir par ces souverains qu'il n'en mettait lui-même lorsque ce pouvoir était entre ses mains !

Il est, du reste, dans la destinée de cet homme d'État de contribuer pour une large part au renversement de tous les gouvernements, surtout de ceux à l'édification desquels il a travaillé. S'il ne s'était pas renversé lui-même, il aurait détruit la république conservatrice en faveur du radicalisme, comme il a détruit la monarchie légitime en 1830, et la monarchie populaire en 1848, par son âpreté au portefeuille ; comme il a détruit la seconde république, en soutenant la candidature de Louis-Napoléon avant de devenir le nœud de la coalition formée contre ce prince, qui ne donnait pas pâture à ses convoitises ; comme enfin il a détruit l'empire par une opposition constante et acharnée ayant sa source dans une ambition sans limites. Heureusement son attitude envers la Chambre devait amener sa chute. Il était facile de prévoir ce dénouement en se reportant en arrière, et en remarquant l'analogie qui existait entre la marche des événements contemporains et de ceux de 1849. En effet, si nous comparons la Législative de cette année sous la présidence du prince Louis-Napoléon, et l'Assemblée de 1871 sous la présidence de M. Thiers, nous voyons dans chacun de ces parlements une majorité monarchique divisée en trois fractions. Sous l'un et l'autre, le pouvoir législatif et le pouvoir exécutif commencèrent à marcher à l'unisson, mais l'entente ne tarda pas à disparaître et le désaccord à s'accentuer ; et, en effet, la scission devait devenir complète entre le président agissant en vue de se perpétuer au rang suprême, et l'Assemblée qui était hostile à sa politique. Il fallait donc absolument que l'un des deux pouvoirs disparût devant l'autre ; que l'eau éteignît le feu, ou que le feu desséchât l'eau. Le prince Louis-Napoléon, s'appuyant sur le prestige de son nom et sur sa popularité, fit son coup d'État, et la Chambre fut renversée. Mais M. Thiers ne pouvait employer ce moyen : c'était donc lui qui devait disparaître ; et le 24 mai fut pour l'Exécutif ce que le 2 décembre avait été pour le Législatif, avec cette différence toutefois que l'Assemblée n'eut pas besoin de recourir, en 1873, à la violence et à l'illégalité, comme le fit le président en 1851.

*
* *

Aujourd'hui que, grâce à M. le duc de Broglie et aux chefs des conservateurs de l'Assemblée qui ont dirigé cette admirable campagne, les divers groupes du parti de l'ordre se sont unis pour conjurer le péril social, un résultat immense a été obtenu, et là situation de la France s'est considérablement améliorée. Au député révolutionnaire, autoritaire, pour qui les émotions de la vie publique ont toujours été un besoin, succède un soldat sans peur et sans reproches, un homme de Plutarque n'ayant qu'une devise, le devoir ; qu'une ambition, être utile et faire le bien ; qu'un but, sauvegarder l'ordre et remplir consciencieusement son mandat; dont le nom signifie honneur et probité, et que ses concitoyens, dans leur justice, placent au premier rang des illustrations du pays.

Que résulte-t-il de ce changement? Rien, disent les radicaux; le gouvernement reste le même, les institutions ne sont pas modifiées; un président à la place d'un autre, rien de plus..... Oui, nous conservons la république; mais, au moins, nous avons la république vraiment conservatrice, et si les lois existantes ne sont pas changées, l'individualité du maréchal de Mac-Mahon, substituée à celle de M. Thiers, produira néanmoins des résultats considérables, et causera des changements notables dans la marche gouvernementale.

Deux avantages immenses se présentent d'abord à tous les yeux : Le duc de Magenta n'est pas un homme politique; il n'est pas député; il ne sera donc pas entraîné par l'excitation du moment à intervenir dans les débats, et c'est dans tout le calme de son esprit qu'il jugera les discussions après leur clôture et dans leur ensemble. Non-seulement il restera étranger aux luttes de la tribune, mais la question de gouvernement ne sera même probablement jamais posée devant la Chambre. Véritable roi constitutionnel, il contemplera du bord les orages parlementaires, sans pouvoir en être la victime. Ses ministres ne seront pas *individualisés* dans sa personne. Ils défendront leurs actes dans le parlement, et s'ils reçoivent un blâme, le chef de l'État, qui n'aura été nullement frappé personnellement par la désapprobation nationale, terminera la crise en formant un autre cabinet dont les opinions et les sentiments seront plus en harmonie avec ceux de la majorité. Le président n'aura pas reçu la plus légère atteinte. En dehors et au-dessus des partis, il respectera la volonté nationale et ne sera, comme il l'a dit dans son magnifique Message, que la sentinelle destinée à veiller à l'exécution des lois et au maintien de l'intégrité du pouvoir de l'Assemblée. M. Thiers avait com-

plétement faussé l'application de l'admirable régime constitutionnel. Il avait inauguré je ne sais quel système bâtard
qui forçait les représentants à accepter tous les caprices
du chef de l'exécutif et de son ministère, ou à renverser l'un
et l'autre. Le maréchal de Mac-Mahon, lui, *régnera, mais
ne gouvernera pas*.

Ne doit-on pas voir une précieuse garantie pour la tranquillité publique dans ce fait que le dépositaire du pouvoir, à l'abri des coups d'État parlementaires, se trouve,
pour ainsi dire, « inamovible? »

L'autre avantage considérable qui ressort du choix fait
par l'Assemblée a sa source dans la situation militaire du
nouveau président. L'armée est justement fière de voir
que les représentants du pays ont confié la magistrature
suprême au chef qui jouit auprès d'elle d'une si légitime
popularité. Profondément dévouée à ce chef, et ayant en
lui une confiance illimitée, elle sait d'avance que s'il
réclame son intervention active, ce sera pour le service
d'une cause juste et légale. L'ordre matériel est donc
assuré, et si les soldats du camp révolutionnaire tentaient
de le troubler, ils seraient écrasés par les défenseurs de la
civilisation, qui ne perdraient certes pas l'occasion de
venger en une fois les insultes et les lâches attaques dont
ils sont chaque jour l'objet. Le chef de l'État joint donc à
toute la force qu'on peut tenir de l'estime publique toute
celle qu'on peut tenir des armes. Le socialisme est réduit
à l'impuissance, les honnêtes gens sont rassurés, et les
espérances des fauteurs de troubles indéfiniment ajournées.

*
* *

L'union des conservateurs a donc, dès le principe, pro-
duit les plus heureuses conséquences; mais il ne faut pas
que les députés de la majorité s'endorment enivrés de leur
succès; ils doivent, au contraire, continuer leur marche

victorieuse, et assurer par des mesures énergiques le triomphe définitif des idées conservatrices. Parmi ces mesures, on doit mettre en première ligne les lois électorale et municipale.

Le scrutin du 27 avril et celui du 11 mai nous ont prouvé d'une manière incontestable, que le corps social marche à grand pas vers son anéantissement. Le succès de M. Barodet n'a pas eu pour cause, comme on s'est complu à le dire, le désir d'infliger un blâme au président de la république. Il n'a pas été fait tant par ceux qui trouvaient que M. Thiers s'appuyait trop sur la gauche que par ceux qui lui reprochaient au contraire de trop pencher à droite. Il ne témoigne pas davantage d'un mécontentement contre l'Assemblée et les prétendues impatiences monarchiques de la majorité. Ces élections, comme toutes les élections partielles qui ont eu lieu depuis la convocation de l'Assemblée, ont été simplement le résultat forcé du suffrage universel tel qu'il est pratiqué aujourd'hui. C'est donc là que se trouve le siége du mal et que doit être porté un remède efficace. Avant de discuter les autres projets constitutionnels dont il est question, l'Assemblée devrait donc s'occuper de la loi électorale. Il faut, non pas apporter au système actuel un palliatif insignifiant, mais le régler de façon à ce que ses résultats n'aboutissent pas fatalement à la destruction de la société.

Une raison des plus simples nous fait réclamer cette mesure avant toute autre : la dissolution peut survenir à un moment imprévu ; tels événements peuvent se produire qui entraîneront la nomination immédiate de nouveaux représentants. Or, la majorité de notre Assemblée est composée de conservateurs, il lui est donc loisible de nous doter d'une loi protectrice et d'opposer ainsi une digue aux efforts envahissants du radicalisme en préparant des élections raisonnables. Une sage loi électorale, en effet, a pour conséquence de sages élections ; de même qu'une bonne politique, comme disait le baron Louis, fait de bonnes finances. Si, au contraire, une réforme sérieuse n'est pas votée par nos députés actuels, leurs successeurs seront choisis, les précédents ne permettent pas d'en douter, dans les rangs les plus avancés de la démagogie, et nous serons inévitablement et légalement conduits à l'abîme par les lois révolutionnaires de la nouvelle Chambre.

Nous ne voudrions pas revenir, quant à présent, aux élections censitaires, mesure qui, du reste, ne pourrait être prise sans entraîner les plus graves conséquences. Le suffrage universel n'aurait pu être aboli impunément que dans une seule circonstance : le lendemain du jour où l'armée française, victorieuse de la Commune, entra dans Paris en flammes. Et à cette époque notre système de votes n'a même pas été réglementé ! Plaise à Dieu que cette faute ne soit pas irréparable ! Mais si nous ne demandons pas aujourd'hui le suffrage restreint, nous désirons au moins, nous le répétons, des garanties propres à rassurer les honnêtes gens et à faire exprimer par le scrutin la volonté réelle et sincère de la majorité. Quelles doivent être ces garanties ? Il faut s'incliner ici devant l'expérience des hommes d'État, et surtout des hommes de bon sens et de jugement qui ont reçu la mission de représenter le pays. Qu'ils discutent, qu'ils s'éclairent mutuellement, qu'ils pèsent le pour et le contre, et qu'ils décident après réflexion. Mais on peut de prime-abord citer quelques-unes des conditions qu'il serait si naturel d'exiger des électeurs, et dont plusieurs, du reste, ont, dit-on, été adoptées en principe par l'ancien conseil des ministres.

1° *La grande majorité*. — L'âge de vingt-cinq ans, voulu par la loi pour certains actes privés, devrait, à plus forte raison, être exigé de ceux qui sont appelés à nommer des mandataires pour régir les affaires publiques. De plus, cette mesure concorderait avec la loi militaire.

2° *Plusieurs années de domicile.* — N'est-il pas rationnel de ne pas conférer le droit de concourir à l'élection du député d'une circonscription aux individus n'y ayant pas réellement de domicile, aux vagabonds qui ne sont attachés à aucun pays ; qui, ennemis du travail et sans feu ni lieu, changent constamment de résidence pour aller à la recherche de l'inconnu? Il y a là aussi une garantie pour la constatation sérieuse de l'identité.

3° *L'exercice forcé du droit d'électeur.* — L'expérience prouve que les ennemis de la tranquillité publique, enrégimentés et disciplinés, obéissent passivement aux prescriptions des comités et vont au scrutin avec un ensemble parfait, tandis qu'au contraire les abstentions, si fatales à la cause de l'ordre, proviennent exclusivement de l'indifférence et de l'apathie criminelles des conservateurs. Le remède à cet état de choses consiste à punir l'abstention non justifiée. Le droit de vote ne serait pas le seul, du reste, dont l'exercice serait forcé par la loi ; et cette obligation, loin d'avoir pour effet de mutiler le suffrage universel, en serait une extension.

4° *Le vote par arrondissement.* — Ne serait-il pas, enfin et avant tout, indispensable de remplacer par le vote d'arrondissement le scrutin de liste qui fausse l'élection, qui détruit l'influence locale conservatrice, qui force à donner sa voix à des inconnus, qui a pour conséquence de faire porter sur la même liste des candidats aux opinions complétement opposées, qui met, enfin, à la merci des grands centres les populations laborieuses des campagnes, les soldats de l'agriculture, cette source principale de la richesse nationale?

Ces réformes modifieraient déjà dans de larges proportions notre système électoral. Les législateurs jugeront s'il y a lieu d'y apporter des changements plus profonds ; s'ils doivent, par exemple, exiger de l'électeur qu'il sache lire et écrire, afin qu'il ne soit pas exposé à déposer dans l'urne un bulletin dont il est incapable de vérifier le contenu ; ou bien encore, s'il conviendrait de soumettre à plusieurs degrés l'élection du député...

La loi municipale demanderait aussi de sérieuses modifications. Sans vouloir entrer ici dans de longs détails à ce sujet, nous ferons remarquer que la nomination du maire par le conseil communal présente de graves dangers. Par ce système, l'administration municipale des localités populeuses et ouvrières se trouve toute entière entre les mains des radicaux, et ces localités sont érigées en *Communes,* indépendantes de toute direction centrale. L'autorité supérieure reçoit ainsi une atteinte profonde. Les hauts fonctionnaires doivent assurer l'ordre moral ; comme l'armée, l'ordre matériel. Ils doivent pouvoir éclairer l'esprit public et exercer une salutaire influence sur les masses, si faciles à égarer. Il faut donc que le législateur, au lieu de restreindre leur autorité, en élargisse les bases et les mette à même de diriger le cours des idées. Il faut qu'il leur procure des armes pour combattre les effets des écrits dangereux et des doctrines dissolvantes, et les meilleures armes sont de bonnes lois conservatrices.

*
* *

Lorsque ces gages auront été donnés à la cause de l'ordre, la situation sera encore considérablement améliorée. Si le choix des fonctionnaires est bon, si l'union des conservateurs et l'accord dans les rangs de la majorité se consolident, le progrès sera immense. La solution du problème de l'avenir ne sera pas encore trouvée, mais, enfin, on pourra l'attendre sans inquiétude.

Les flots restent longtemps agités après la tempête ; de même, après les désastres, sans exemple dans l'histoire du monde, que nous avons éprouvés, après des commotions intérieures aussi violentes que celles que nous avons ressenties, on ne peut rentrer du jour au lendemain dans une ère de tranquillité et de stabilité. Avant de se décider, il faut que les esprits aient eu le temps de se rasseoir, de réfléchir, de faire la comparaison entre un état de choses et un autre. Pour donner la préférence à tel régime, il faut que les populations aient pu apprécier les avantages et les désavantages des divers systèmes politiques.

Quant à nous, nous acceptons de grand cœur le gouvernement actuel, et, même, nous n'hésitons pas à dire qu'il est le seul possible dans l'état de choses présent, et qu'il y aurait une grande imprudence à vouloir y porter atteinte ; et, cependant, nous pensons que la forme républicaine ne peut, comme régime définitif, convenir à la France, qu'il n'y a point de place entre la monarchie et l'anarchie, et que notre salut se trouve dans la royauté, non pas féodale, non pas césarienne, mais populaire, tempérée, limitée, et assurant l'égalité des droits et la liberté. Mais, nous le répétons, il ne s'agit pas aujourd'hui de république ou de monarchie, mais uniquement de l'affermissement de l'ordre. Nos députés conservateurs nous ont montré le noble exemple d'hommes politiques oubliant leurs dissensions intestines pour se liguer contre l'ennemi commun, le radicalisme. Ils ont réussi, sans tenter d'aller plus loin. Unis, non pas pour faire œuvre de destruction, comme le dit la malveillance, mais pour arrêter le torrent qui menaçait de tout engloutir, ils ne l'auraient pas été pour perfectionner un ouvrage si bien commencé ; car, alors, chaque fraction aurait voulu faire prévaloir son opinion. Ils ont donc choisi un terme moyen, intermédiaire, et ils se sont arrêtés sur un terrain de concorde et de conciliation. Imitons cet exemple et ne leur donnons pas un démenti par nos actes.

Légitimistes, orléanistes, bonapartistes, républicains honnêtes, ne considérez plus qu'une chose : la patrie.

N'ayez qu'un but : vous unir pour rasseoir sur ses bases la société si profondément ébranlée. Combattez les doctrines funestes et propagez les saines idées. Soyez les hommes du pays et non ceux d'un parti ; sachez contenir de dangereuses impatiences et ajourner vos espérances jusqu'au jour où vous pourrez, sans compromettre le salut commun, manifester vos sympathies.

Lorsque sonnera l'heure des élections générales, si de sérieuses réformes ont été introduites dans nos lois, si des fonctionnaires intelligents et dévoués ont éclairé les populations, le scrutin témoignera, sans nul doute, des sentiments conservateurs et honnêtes qui dominent en France. La nation, alors, par le choix de ses mandataires, décidera si elle veut la royauté de droit divin, le régime impérial ou républicain, ou la monarchie constitutionnelle de 1830, c'est-à-dire la continuation du système inauguré le 24 mai, avec des gages de durée et de stabilité en plus, puisque le chef de l'État, au lieu d'exercer un pouvoir provisoire, le détiendrait pour un temps indéfini, tant par lui que par sa descendance.

FIN.

www.ingramcontent.com/pod-product-compliance
Lightning Source LLC
Chambersburg PA
CBHW061237050726
47594CB00009B/3926